野菜の「べんり漬け」

帰って秒速、サラダも主菜も！

発酵マイスター　榎本美沙

漬けたら盛るだけ！

主婦の友社

「忙しくても旬の野菜を
たくさん食べたい」
そんな思いから生まれたのが
「べんり漬け」です

会社員時代から、旬の野菜が食卓に並ぶのが大好きだった私。
忙しくても「どうしたら野菜をたくさん食べられるか」を考えながら
いつも自炊をしていました。
ていねいだけど手間をかけずに野菜たっぷりの料理を作りたい。
そこで考えたのがこの「べんり漬け」です。
野菜に味がしみていて、水分がほどよく抜けているため、
加熱しても余計な水分が出てこないのがポイント。
そのままでもおいしいうえ、肉や魚と組み合わせれば
ボリュームおかずがすぐにでき上がります。
また、発酵マイスターとして、5種の味すべてに発酵食品を活用しているので、
生活にとり入れれば、体にうれしい効果が期待できるでしょう。

忙しい皆さんが「べんり漬け」のある生活で、気持ちにゆとりがもてるように。
そして、野菜と発酵食品が、皆さんにパワーを届けてくれますように。

榎本美沙

野菜の「べんり漬け」なら、いろんな料理がすぐできる!

たとえば…

冷蔵庫に
みそ味のべんり漬け
キャベツがあれば…

まずはそのまま
サラダとして ↓

ちくわとあえて ↓

0秒で!

袋から出して盛るだけでOK
「**みそ味のキャベツサラダ**」

3分で!

おつまみ&お弁当にもぴったり
「**キャベツとちくわのあえ物**」

漬けだれは調味料として使えます

野菜が漬かったら、漬けだれと分けて保存がおすすめ。野菜が漬かりすぎるのを防ぐだけでなく、ドレッシングや、炒め物の調味料、みそ汁やスープの素にと重宝します。

←調味料としておすすめするものは、各野菜にワッペンをつけています。

漬けだれは調味料になります

↓ 豚肉と炒めて

5分で！

みんなが喜ぶボリュームたっぷりおかず
「ホイコーロー」

↓ 鮭と一緒に焼いて

10分で！

魚料理が得意になる
「鮭のちゃんちゃん焼き」

まずは

べんり漬けの素 を準備しましょう

みんなが大好きなこぶとかつお節の和風だしがベースなので、塩もみや一般的な甘酢漬けとはひと味違う野菜サラダが完成します。下味としても優秀。洋風、中華風のおかずにもほどよくなじみます。

材料

こぶ（5×10cm角）……………… 1 枚
かつお節……… 1 パック（4〜5g）
お茶パック ………………………… 1 枚
ファスナー付き保存袋(L) ……1 枚

※とくに記載がない場合はファスナー付き保存袋はLサイズを使用。野菜によってはMサイズを使用します。

作り方

こぶはキッチンばさみで 1 cm幅に切り込みを入れる。かつお節はお茶パックに入れかえる。この 2 つを保存袋に入れておく。

べんり漬けの素をセットして棚にストックしておけば、野菜を買ったそばからすぐに使えてべんり。

次に

野菜を漬けて みましょう

5つの味が楽しめる「べんり漬け」ですが、漬け方はすべて同じ。
さっそく「甘酢のべんり漬け きゅうり」(p.23)を例に作ってみましょう。

1. 「べんり漬けの素」に漬けだれの材料を入れる

ファスナー付き保存袋にこぶとかつお節パックを入れたものに、材料を入れる。甘酢の場合だと米酢、きび砂糖、粗塩。このときさっと手でもんで調味液となじませて(こぶで袋が破れないよう注意)。

米酢

きび砂糖

粗塩

2. 野菜を加える

野菜は切ってから漬けると味なじみがよくなり、早く漬かります。ここでは食べやすい大きさの乱切りに。野菜によってはレンジ加熱をしてから漬けます。

多めに漬けてちょうどいい

3. よくもむ

もむことで、漬け時間を短縮できます。アボカドやトマトなどつぶれやすい食材は、全体に漬けだれが行き渡るようにやさしくなじませて。

4. バットにのせる

汁もれがあったときのためにバットにのせ、さらに同じ大きさくらいのバットを重ねて安定させて。平らな皿などで代用してもOK。

Point 重石はどんなものでもOK！
パックの飲料やジャムのびんなど、庫内にあるものを利用。500mlのペットボトル2本で約1kgです。

Point 保存容器でなく保存袋を使うことで、少ない漬けだれで均一に漬けることができます。また、重石がしやすいというメリットも。

5. 冷蔵庫で漬ける

完成！

約1kgの重石をのせて漬ける。きゅうりは一晩でしっかり漬かります。加熱した野菜は30分ほど、大根など味がしみにくいものは1日漬けます。

すぐに
使わないときは

野菜と漬けだれは分けて保存を

漬かったその日に食べきらない場合は、野菜と漬けだれは分けてから冷蔵庫で保存。こぶとかつお節パックは野菜と一緒に入れて。それぞれ2〜3日以内に使いきって。

約3日保存可

【ファスナー付き保存袋に関する注意点も check】
●保存袋をくり返し使用するのは避けてください。●液状のものを入れて保存する場合は、八分目以下にしてください。●野菜を電子レンジなどで加熱する場合は、必ず保存袋から出してください。●加熱してから漬ける野菜もあるため、保存袋は耐熱性（ジップロックなど）をおすすめします。

野菜の「べんり漬け」なら、いろんな料理がすぐできる！ ‥4
べんり漬けの素を準備しましょう ‥‥‥‥‥‥‥ 6
野菜を漬けてみましょう ‥‥‥‥‥‥‥‥‥‥‥ 8

Part.1

甘酢の
べんり漬け ‥‥‥‥‥ 13

玉ねぎ ‥‥‥‥‥‥‥‥ 14
揚げない鮭の南蛮漬け ‥‥ 15

かぶ ‥‥‥‥‥‥‥‥‥ 16
鶏だんごとかぶの煮込み ‥‥ 17
納豆とかぶの葉の冷ややっこ ‥ 18
かぶと干物のまぜごはん ‥‥ 19

ミニトマト ‥‥‥‥‥‥ 20
鶏の照り焼き ‥‥‥‥‥‥ 21
さっぱり冷しゃぶ ‥‥‥‥ 22

きゅうり ‥‥‥‥‥‥‥ 23
あじときゅうりの梅タルタル ‥ 24
豚バラときゅうりの炒め物 ‥‥ 25

セロリ ‥‥‥‥‥‥‥‥ 26
チキンとセロリのおかずサラダ ‥ 27
海鮮ヤムウンセン ‥‥‥‥ 28

半端野菜 ‥‥‥‥‥‥‥ 29
酢豚 ‥‥‥‥‥‥‥‥‥‥ 30
塩焼きそば ‥‥‥‥‥‥‥ 31

塩麹アレンジ

白菜 ‥‥‥‥‥‥‥‥‥ 32
即席ラーパーツァイ ‥‥‥ 33
塩麹白菜鍋 ‥‥‥‥‥‥‥ 34

Part.2

しょうゆの
べんり漬け ‥‥‥‥‥ 35

大根 ‥‥‥‥‥‥‥‥‥ 36
ぶり大根 ‥‥‥‥‥‥‥‥ 37
牛肉の香味焼き ‥‥‥‥‥ 38
鶏手羽元のしょうゆ煮 ‥‥‥ 39

きのこ ‥‥‥‥‥‥‥‥ 40
白身魚ときのこのホイル焼き ‥ 41
きのこの春巻き ‥‥‥‥‥ 42
豚肉のしょうが焼き ‥‥‥ 43

長いも ‥‥‥‥‥‥‥‥ 44
長いもステーキ ‥‥‥‥‥ 45
長いものコロコロサラダ ‥‥ 46
豚肉と長いもの梅しょうゆ蒸し ‥ 47
鯖缶と長いものバターまぜごはん ‥ 48

ナンプラーアレンジ

切り干し大根とセロリ ‥ 49
ししゃものエスニックマリネ ‥‥ 50
切り干し大根とえのきの肉巻き ‥‥ 51
切り干し大根のソムタム ‥‥ 52

CONTENTS

Part.3

みその
べんり漬け ………… 56

大根 ………… 57
根菜みそきんぴら ………… 58
大根麻婆 ………… 59

アボカド ………… 60
まぐろとアボカドトマトあえ ………… 61
アボカドポテトサラダ ………… 62
納豆アボカド丼 ………… 63

キャベツ ………… 64
キャベツとちくわのあえ物 ………… 65
ホイコーロー ………… 66
鮭のちゃんちゃん焼き ………… 67

ごま酢アレンジ
きゅうり ………… 68
棒々鶏 ………… 69
カリカリ豚ときゅうり ………… 70
たことだきゅうりのごま酢みそ ………… 71

Column1

みそのべんり漬けで作る
本格＆即席みそ汁 ………… 72
キャベツの本格みそ汁 ………… 72
即席みそ汁 ………… 73

Part.4

マリネの
べんり漬け ………… 74

ズッキーニ ………… 75
ズッキーニとトマトのサラダ ………… 76
たことズッキーニのガーリックソテー
………… 77

パプリカ ………… 78
チキンステーキ ………… 79
野菜を食べるタルタル ………… 80
パプリカとにんじんのナッツサラダ … 81

かぶ ………… 82
サーモンとかぶのカルパッチョ ………… 83
かぶとしらすのレモンパスタ ………… 84
かぶといかのレモン炒め ………… 85

カレーアレンジ
カリフラワーとアスパラ … 86
カリフラワーとアスパラのチーズグリル
………… 87
豚肉とカリフラワーのスパイシー炒め … 88
ドライカレー ………… 89
たらのカレーピカタ ………… 90

Column2

「べんり漬け」は体にもうれしい！
野菜×発酵調味料で体が整う ………… 91

Part.5

ナムルの
べんり漬け ……… 94

三色ナムル ……… 95
豚こまとナムルの炒め物 ……… 96
ナムルと鯖缶のあえ麺 ……… 97

ピーマン ……… 98
のりチーズピーマン ……… 99
鶏とピーマンのマヨあえ ……… 100

ミニトマト ……… 101
トマト牛丼 ……… 102
トマトとわかめのとうふサラダ ……… 103
鯖のソテー ……… 104

豆板醤アレンジ

きのこ ……… 105
即席きのこの中華スープ ……… 106
鶏むね肉とれんこんの
　ピリ辛きのこ炒め ……… 107

野菜別 Index ……… 109

べんり漬けの
ある生活

お弁当 編 ……… 53
晩ごはん 編 ……… 54
おもてなし 編 ……… 92
おつまみ 編 ……… 108

この本の使い方

●小さじ1 = 5ml、大さじ1 = 15ml、計量カップは1カップ = 200mlです。
●火かげんは特に指定のないかぎり中火です。
●野菜類は表記のない場合、洗う、皮をむくなどの基本作業をすませています。
●フライパンは原則として表面加工をしているものを使用しています。
●電子レンジの加熱時間は600Wの場合の目安です。機種や食材によって差が出て来る場合がありますので、様子をみながらかげんしてください。
●すべてのべんり漬けの保存期間のめやすは、特に記載がない限り仕上がってから2～3日です。特に暑い季節はできるだけ早く使いきることをおすすめします。
●べんり漬けの漬けだれをくりかえして使用することは避け、調味料として使いきることをおすすめします。調味料として使いやすいものは、各べんり漬けのページにワッペンをつけているので参考にしてください。
●べんり漬けに使っている塩はミネラルとうまみが豊富な粗塩、砂糖はコクのあるきび砂糖を使用しています。

Part.1
甘酢
のべんり漬け

だしがきいた甘酢のべんり漬けは、さまざまな野菜に合う基本の味。
漬けだれごと活用すれば、市販の合わせ調味料を使わなくても、
酢飯や冷やし中華が簡単にできてしまいます。

―――― 漬けだれの材料はコレ ――――

米酢
150ml

きび砂糖
1/2 カップ

粗塩
小さじ1

べんり漬けの素

各ページの野菜を漬けるときは
p.8～9の「野菜を漬けてみま
しょう」を参考にしてください。

甘酢のべんり漬け
玉ねぎ

大きめに切った玉ねぎは、そのままでも立派なおかずに。
豚肉などと炒めれば、いつもよりさっぱりとした炒め物になります。

[材料]
玉ねぎ（6等分のくし形切り）
　………………… 3個分
甘酢の漬けだれ
　米酢 ………………… 150ml
　きび砂糖 ………… 1/2カップ
　粗塩 ………………… 小さじ1
　べんり漬けの素(p.6参照)

[漬け方]
玉ねぎは耐熱容器に入れてふんわりとラップをかけて、電子レンジに5分かける。漬けだれとともにファスナー付き保存袋に入れる。あら熱がとれたら、冷蔵庫で30分ほど漬ける。

漬けだれは調味料になります

↓ 盛るだけ！

しっとりやわらか、やさしい甘み。かつお節をかけても

Part.1 甘酢のべんり漬け 玉ねぎを使って…

漬けだれを使えば本格的な南蛮漬けが10分で！
揚げない鮭の南蛮漬け

材料(2人分)
- 鮭(それぞれ3等分)……… 2切れ分
- 玉ねぎのべんり漬け(p.14・細切り)
  ……………………………… 4切れ分
- べんり漬けの漬けだれ
  ………………………… 3/4カップ(150ml)
- サラダ油 ……………………… 大さじ2
- 薄力粉 ………………………… 適量
- 塩、黒こしょう ……………… 各少々

焼く：鮭の両面に塩、こしょうを振る。水けをふき、薄力粉を薄くまぶす。フライパンに油を熱し、鮭を入れて2分焼き、上下を返して火が通るまで1分ほど焼く。

漬ける：フライパンからとり出して熱いうちに漬けだれに漬けて味をなじませる。器に盛り、玉ねぎをのせる。冷蔵庫で冷やしてさらに味をなじませても。

調理時間 **10**分

甘酢のべんり漬け
かぶ

かぶを葉ごと漬けて、まるごと味わいます。
ビタミンたっぷりの葉は、スープやまぜごはんの具などに使えます。

[材料]
かぶ(葉を切り離して皮をむき、8等分のくし形切り)
　……………… 3個分

甘酢の漬けだれ
　米酢 ………………… 150ml
　きび砂糖 ………… 1/2カップ
　粗塩 ……………… 小さじ1
　べんり漬けの素(p.6参照)

[漬け方]
かぶとかぶの葉は漬けだれとともにファスナー付き保存袋に入れ、1kgの重石をして、冷蔵庫で1日漬ける。

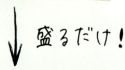

漬けだれは調味料になります

↓ 盛るだけ！

葉は食べやすく切ってすり白ごまを振って

Part.1 甘酢のべんり漬け **かぶ**を使って…

さっぱりとした煮汁もおいしい、
やさしいだし風味
鶏だんごとかぶの煮込み

|材料|(2人分)

かぶのべんり漬け(p.16) ……………… 80g
ごぼう(ささがきにして水にさらす)
　　　　　　　　　　　…………… 1/2本分(75g)
A
　鶏ひき肉 ……………………………… 200g
　卵 ……………………………………… 1個
　かぶの葉のべんり漬け(p.16・刻む) … 50g
　薄力粉 ………………………………… 大さじ1
　塩 ……………………………………… 小さじ1/4
　黒こしょう …………………………… 少々
B
　水 ……………………………………… 2と1/2カップ
　べんり漬けに使用したこぶ ………… 1枚
　べんり漬けに使用したかつお節パック 1個
　みりん、べんり漬けの漬けだれ …… 各大さじ2
　しょうゆ ……………………………… 大さじ1
万能ねぎ(小口切り) …………………… 2本分

スープを作る
Aを合わせてよくねる。鍋にBを入れて強火にかけ、煮立ったらこぶ、かつお節パックを除いて中火にし、ごぼうを加える。

煮る
Aを一口大ずつ(写真a)、2本のスプーンで丸めて鍋に入れる(写真b)。かぶを加え、煮立ったらふたをして弱火にし、7分ほど煮て器に盛る。万能ねぎを散らす。

調理時間 **17**分

切ってまぜてのせるだけの
ヘルシーな一皿
納豆とかぶの葉の冷ややっこ

材料(2人分)

絹ごしどうふ …………………… 1/2丁

A
- 納豆 …………………… 1パック
- かぶの葉のべんり漬け(p.16・刻む)
  …………………… 50g
- べんり漬けの漬けだれ
  …………………… 大さじ1
- 青のり …………………… 小さじ1

しょうゆ …………………… 小さじ2
ごま油 …………………… 小さじ2

まぜる ボウルにAを入れ、まぜる。

↓

盛る とうふを半分に切って器に盛り、Aをのせてしょうゆとごま油をかける。

調理時間 **3分**

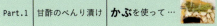

Part.1 甘酢のべんり漬け かぶを使って…

甘酢の漬けだれで、あっという間に酢飯が完成
かぶと干物のまぜごはん

材料(2〜3人分)
- ごはん ………………………… 1合分
- あじの干物 …………………… 2枚
- かぶのべんり漬け(p.16・1cmの角切り) ……………… 5切れ分
- かぶの葉のべんり漬け(p.16・刻む) …………………………… 40g
- べんり漬けの漬けだれ ……………………………… 大さじ3
- みょうが(小口切り) …… 2個分
- 青じそ(せん切り) ……… 4枚分
- いり白ごま …………………… 適量

焼く
あじはグリルで焼き、骨と皮を除いて身をほぐす。

↓

盛る
ごはんに漬けだれを加え、切るようにまぜる。かぶ、かぶの葉、あじを加えてさらにまぜ、器に盛る。みょうが、青じそ、ごまを散らす。

調理時間 **15分**

甘酢のべんり漬け
ミニトマト

さまざまな料理に使える甘酢トマト。半分に切って漬けると味なじみがよくなり、使い回すときに調味料はほとんどいりません！

[材料]
ミニトマト(半分に切る)
　　……………… 2パック分
甘酢の漬けだれ
　米酢 ……………… 150ml
　きび砂糖 ………… 1/2カップ
　粗塩 ……………… 小さじ1
　べんり漬けの素(p.6参照)

[漬け方]
ミニトマトは漬けだれとともにファスナー付き保存袋(M)に入れ、冷蔵庫で一晩漬ける。

漬けだれは調味料になります

↓ 盛るだけ！

すっぱすぎない、だしのきいた甘酢味

Part.1 | 甘酢のべんり漬け | **ミニトマト**を使って…

トマトの甘ずっぱいソースでさっぱり
鶏の照り焼き

材料(2人分)

鶏もも肉	1枚(250g)
トマトのべんり漬け(p.20)	150g
塩	小さじ1/4
黒こしょう	少々
サラダ油	小さじ1
A べんり漬けの漬けだれ	1/4カップ
砂糖	小さじ1

下準備 鶏肉の皮目にフォークで数カ所穴をあけ、塩、こしょうを全体にすり込む。

焼く フライパンに油を熱し、皮目を下にして4分ほど焼く。余分な脂をふいて上下を返し、まぜ合わせたAを加えてふたをし、3分ほど蒸し焼きにする。

盛る ふたをはずし、上下を返しながらとろみがつくまで加熱し、半分に切って器に盛る。同じフライパンにトマトを加えてさっと炒め、鶏肉にかける。

※鶏肉は調理の30分ほど前に、室温にもどしておくとしっとり仕上がる。

調理時間 **13**分

Part.1 | 甘酢のべんり漬け | ミニトマトを使って…

漬けだれとごま油だけで味が決まる！
さっぱり冷しゃぶ

材料(2人分)

豚ロース薄切り肉	200g
トマトのべんり漬け(p.20)	75g
ブロッコリースプラウト	1パック
酒	大さじ1
塩	小さじ1/2
A べんり漬けの漬けだれ	大さじ1
ごま油	小さじ1
いり白ごま	適量

まぜる → ボウルにトマトをさらに半分に切って入れ、Aとまぜてたれにする。

ゆでる → 鍋にたっぷりの湯を沸かして酒と塩を加え、ごく弱火にして豚肉を1枚ずつゆでてざるに上げる。

盛る → 豚肉をスプラウトとともに器に盛り合わせてたれをかけ、ごまを振る。

調理時間 **10**分

麺にのせればそのまま冷やし中華に

ゆでた中華麺に「さっぱり冷しゃぶ」をのせれば、手作りだれの冷やし中華に！ たれは、中華麺1玉につきべんり漬けの漬けだれ1/4カップ、ごま油小さじ1を目安に調整を。

22

甘酢のべんり漬け
きゅうり

たっぷり4本のきゅうりを、甘酢に漬けるべんり漬け。
そのまま副菜としてだけでなく、サラダや炒め物にぴったりの食材に！

[材料]
きゅうり（乱切り）… 4本分
甘酢の漬けだれ
 米酢……………………150ml
 きび砂糖………………1/2カップ
 粗塩……………………小さじ1
 べんり漬けの素(p.6参照)

[漬け方]
きゅうりは漬けだれとともにファスナー付き保存袋に入れ、1kgの重石をして、冷蔵庫で一晩漬ける。

漬けだれは調味料になります

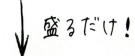
盛るだけ！

いり白ごまを振って、人気の浅漬けを手作りで

切ってまぜるだけのスピードおかず
あじときゅうりの梅タルタル

材料 (2人分)
- あじ (刺し身用、あらめにたたく) …… 100g
- きゅうりのべんり漬け (p.23・あらく刻む) …… 50g
- 青じそ (刻む) …… 2枚分
- 梅干し (種を除いてたたく) …… 1個分

まぜる ボウルにあじ、きゅうり、青じそ、梅干しをまぜる。
↓
盛る 器に盛る。

調理時間 5分

Part.1 | 甘酢のべんり漬け | きゅうりを使って…

豚バラのうまみとさっぱり漬けだれがマッチ！
豚バラときゅうりの炒め物

材料(2人分)
- 豚バラ薄切り肉(5cm幅)……150g
- きゅうりのべんり漬け(p.23)
   ……150g
- にんにく(みじん切り)……1片分
- ごま油……大さじ1
- べんり漬けの漬けだれ……小さじ1
- 塩、黒こしょう……各少々
- いり白ごま……適量

炒める → フライパンに油、にんにくを熱し、香りが立ったら豚肉を加えて炒める。豚肉に火が通ったら塩、こしょうを振り、きゅうりを加えてさっと炒め、漬けだれを加えてからめる。

盛る 器に盛り、ごまを振る。

調理時間 10分

甘酢のべんり漬け
セロリ

たくさん買って漬けておけば、そのままおかずやおつまみにぴったり。サラダや炒め物など、レパートリーが広がります。

材料

セロリ（1cm幅の斜め切り）
　　　　　　　　……… 3本分

甘酢の漬けだれ
　米酢 …………………… 150ml
　きび砂糖 ………… 1/2カップ
　粗塩 ………………… 小さじ1
　べんり漬けの素(p.6参照)

漬け方

セロリは漬けだれとともにファスナー付き保存袋(M)に入れ、1kgの重石をして、冷蔵庫で一晩漬ける。

漬けだれは調味料になります

盛るだけ！

いり白ごまを振って、おつまみにもぴったり！

Part.1 甘酢のべんり漬け セロリを使って…

しっとり蒸し鶏とセロリの歯ごたえが相性抜群
チキンとセロリのおかずサラダ

材料 (2人分)
- 鶏むね肉 ………………………… 1枚(300g)
- 砂糖 ……………………………… 小さじ1
- 酒 ………………………………… 大さじ1

A
- セロリのべんり漬け(p.26) …… 100g
- トマト(1cmの角切り) ……… 大1/2個分(100g)
- べんり漬けの漬けだれ、ごま油 …… 各大さじ1
- 塩こぶ …………………………… 8g

下準備　鶏肉は中心に切り込みを入れて左右に開き、厚さを均一にしてから砂糖を全体にもみ込む。

レンジにかける　耐熱容器に皮目を下にして広げ、酒を振ってふんわりとラップをかけて電子レンジに2分かける。上下を返して、さらに1分半ほどかけ、ラップをかけたままおく。

まぜる　あら熱がとれたら裂き、Aとまぜて器に盛る。

調理時間 **10分**
あら熱をとる時間を除く

Part.1 | 甘酢のべんり漬け | セロリを使って…

ナンプラーとレモン果汁だけで本格エスニックサラダに
海鮮ヤムウンセン

材料(2人分)

むきえび	200g
セロリのべんり漬け(p.26)	100g
緑豆はるさめ(乾燥)	50g
紫玉ねぎ(薄切りにして水にさらす)	1/4個分(50g)
パクチー(ざく切り)	2株分
A　べんり漬けの漬けだれ	大さじ3
ナンプラー、レモン果汁	各大さじ1
赤唐辛子(種を除きちぎる)	1本分
ピーナッツ(刻む)	適量

下準備　えびは竹ぐしで背わたを除く。大きめのボウルにAを入れてまぜ合わせる。

↓

ゆでる　鍋に湯を沸かし、はるさめを3〜4分ゆでて水にさらす。同じ鍋に塩適量(分量外)を加え、えびをさっとゆでて水けをきる。

↓

まぜる　下準備のボウルに水けをきったはるさめ、えび、赤唐辛子を加えてあえる。セロリ、紫玉ねぎ、パクチーを加えてさっとまぜる。器に盛り、ピーナッツを散らす。

調理時間 **13**分

甘酢のべんり漬け
半端野菜

冷蔵庫に余りがちな野菜をまとめてべんり漬けに。
肉や魚介と合わせて、炒め物や煮物にするのもおすすめです。

[材料]

キャベツ(ざく切り) … 150g
白菜(ざく切り) ……… 150g
にんじん(2〜3mm厚さの半月切り) …………… 100g
玉ねぎ(薄切り) ……… 100g
甘酢の漬けだれ
　米酢 …………………… 150ml
　きび砂糖 ………… 1/2カップ
　粗塩 …………… 小さじ1
　べんり漬けの素(p.6参照)

[漬け方]

野菜は漬けだれとともにファスナー付き保存袋に入れ、1kgの重石をして、冷蔵庫で1日漬ける。

漬けだれは調味料になります

↓ 盛るだけ！

かさのある野菜を浅漬けサラダに

揚げずに簡単、絶品おかずが完成！

酢豚

材料(2人分)

豚ヒレ肉(とんかつ用)	200g
半端野菜のべんり漬け(p.29)	150g
サラダ油	大さじ4
A しょうゆ、べんり漬けの漬けだれ	各小さじ2
かたくり粉	適量
B べんり漬けの漬けだれ	1/2カップ
しょうゆ、トマトケチャップ、かたくり粉	各大さじ1/2
水	1/4カップ
ごま油	小さじ1

下準備　豚肉は食べやすい大きさに切ってAをもみ込んで10分ほどおき、かたくり粉をまぶす。Bをまぜ合わせる。

揚げ焼きにする　フライパンにサラダ油を熱し、豚肉を入れる。さわらずに2分ほど揚げ焼きにし、さらに2分ほど面をかえながら全体に火を通す。豚肉をとり出して火を止め、フライパンの余分な油を軽くふく。

炒め煮にする　野菜を入れて、強めの中火で炒める。油が回ったらBを再度まぜて加え、とろみがついたら豚肉を戻し入れてさっとまぜ、ごま油をかける。

調理時間 **17分**
肉の下準備の時間を除く

Part.1 甘酢のべんり漬け 半端野菜を使って…

味しみ野菜を使って、お店のような味に
塩焼きそば

材料(2人分)

中華蒸し麺(焼きそば用)	2玉
豚バラ薄切り肉(5cm幅)	100g
半端野菜のべんり漬け(p.29)	200g
にんにく(みじん切り)	1片分
ごま油	小さじ2
A べんり漬けの漬けだれ	大さじ1
中華スープの素(顆粒)	小さじ1
塩、黒こしょう	各適量
青のり	適量

麺を焼く

麺はふんわりとラップをかけて、電子レンジに1分ほどかける。フライパンを強めの中火で熱し、麺をほぐし入れてからフライ返しなどで押しつけるように2分ほど焼く。さっとほぐし炒めてから火を止めてとり出す。

炒める

同じフライパンに油、にんにくを入れて熱し、香りが立ったら豚肉を加えて炒め、塩、こしょう各少々を振る。肉の色が変わったら、野菜を加え、さっと炒める。麺を戻し入れてAと塩、こしょう各少々を加え、全体を炒め合わせる。器に盛り、青のりを振る。

調理時間 10分

[塩麹アレンジ] 甘酢のべんり漬け
白菜

使いきりに悩みがちな白菜を、たっぷり使ったべんり漬けです。
いつもの鍋や炒め物などがワンランク上の味わいに。

[材料]

白菜（ざく切り）
　　………… 1/4株分（500g）
甘酢の漬けだれ（塩麹）
　米酢 ……………… 150ml
　きび砂糖 ………… 1/2カップ
　塩麹 ……………… 小さじ2
　べんり漬けの素（p.6参照）

[漬け方]

白菜は漬けだれとともにファスナー付き保存袋に入れ、1kgの重石をして、冷蔵庫で1日漬ける。

漬けだれは調味料になります

↓ 盛るだけ！

塩麹でまろやかな味わい！七味を振って

Part.1 甘酢のべんり漬け 白菜を使って…

中華料理の絶品副菜がすぐ完成
即席ラーパーツァイ

材料(2人分)
白菜のべんり漬け(p.32)	200g
ごま油	大さじ1
花椒(ホール)	小さじ1
赤唐辛子(種を除く)	1/2本

油をかける → 白菜は汁けをきり、耐熱皿に盛る。フライパンの端にごま油、花椒、赤唐辛子を入れ、フライパンを傾けながら強火にかける。煙が出てきたら、熱いうちに白菜に回しかける。

まぜる → よくまぜて味がなじむまでおく。

調理時間 **3分**
味をなじませる時間を除く

Part.1 甘酢のべんり漬け 白菜を使って…

だしいらずでできる、
酸味がきいた絶品鍋

塩麹白菜鍋

材料(2〜3人分)

鶏手羽元	5本
白菜のべんり漬け(p.32)	200g
豆苗	1パック
干ししいたけ(水1/2カップでもどす)	2枚
塩麹	大さじ3

A
水	750ml
べんり漬けに使用したこぶ	1枚
べんり漬けに使用したかつお節パック	1個

べんり漬けの漬けだれ	大さじ2
ごま油	大さじ1

調理時間 **15分**
肉の下準備の時間を除く

下準備
手羽元は骨に沿って包丁を入れ、塩麹をもみ込んで15分ほどおく。しいたけは石づきを除き、半分に切る。しいたけのもどし汁はとっておく。豆苗は根元を切り落とす。

↓

煮る
鍋にしいたけ、もどし汁、手羽元(塩麹ごと)、Aを入れて加熱する(写真a)。煮立ったらアクをとってこぶ、かつお節パックをとり出し、白菜、漬けだれ、油を加える。白菜がしんなりしたら、豆苗を加える。食べるときに好みでラー油を振ってサンラータン風鍋にしても。

a

Part.2
しょうゆ
のべんり漬け

だしとしょうゆ、みりんと砂糖で作る
「甘じょっぱい」べんり漬け。調味料は炒め物や煮物に使えば、
ごはんにぴったりの甘辛味のおかずが作れます。

漬けだれの材料はコレ

しょうゆ	みりん	きび砂糖
大さじ5	**50ml**	**小さじ1**

べんり漬けの素

各ページの野菜を漬けるときは
p.8〜9の「野菜を漬けてみま
しょう」を参考にしてください。

しょうゆのべんり漬け
大根

だししょうゆ味で、煮物や炒め物にぴったりの大根のべんり漬け。
すでに味がしみ込んでいるから、短時間で仕上がるのがうれしい！

材料

大根（1cm厚さのいちょう切り）
………… 1/2本分（500g）

しょうゆの漬けだれ

しょうゆ ……………… 大さじ5
みりん ………………… 50ml
きび砂糖 ……………… 小さじ1
べんり漬けの素（p.6参照）

漬けだれは調味料になります

漬け方

大根は漬けだれとともにファスナー付き保存袋に入れ、1kgの重石をして、冷蔵庫で一晩漬ける。

↓ 盛るだけ！

ぽりぽり食感がおいしい。山椒を振っても

Part.2 | しょうゆのべんり漬け | **大根**を使って…

短時間で味が決まる定番煮物
ぶり大根

材料(2人分)
- ぶり(それぞれ半分に切る) …… 2切れ分
- 大根のべんり漬け(p.36) …… 60g
- A
  - 水 …… 1カップ
  - べんり漬けの漬けだれ …… 大さじ3
  - 酒 …… 大さじ2
  - きび砂糖 …… 大さじ1
- しょうが(せん切りにして水にさらす) …… 1片分

煮る
ぶりはざるに入れ、熱湯をかけてくさみをとる。鍋にAを入れて火にかけ、沸騰したらぶり、大根を入れ、落としぶたをして15分、ときどき煮汁をかけながら煮る。

盛る
器に盛り、しょうがをのせる。

調理時間 **20**分

味しみ大根が薬味として活躍！
牛肉の香味焼き

材料(2人分)
- 牛バラ肉(焼き肉用) ・・・・・・・・・・・・ 150g
- べんり漬けの漬けだれ ・・・・・・・・・・ 大さじ2
- A
  - 大根のべんり漬け(p.36・あらめのみじん切り) ・・・・・・・・・・・ 30g
  - 青じそ(あらめのみじん切り) ・・・・・・ 3枚
  - みょうが(あらめのみじん切り) ・・・ 1/2個
  - べんり漬けの漬けだれ ・・・・・・・・・ 大さじ1
- サラダ油 ・・・・・・・・・・・・・・・・・・・・・・・ 小さじ2

下準備 → 牛肉は漬けだれをからめ、10分ほど室温におく。Aをまぜ合わせてたれにする。

焼く → フライパンに油を熱し、漬けだれをきった牛肉を入れて両面を焼く。器に盛り、たれをかける。

調理時間 **7分**
肉を調味料に漬ける時間を除く

Part.2 しょうゆのべんり漬け **大根**を使って…

鶏のうまみを吸った大根が絶品！
鶏手羽元のしょうゆ煮

[材料](2人分)

鶏手羽元	6本
大根のべんり漬け(p.36)	60g
長ねぎ（5cm長さ）	1本分
A 水	3/4カップ(150ml)
A べんり漬けの漬けだれ	大さじ5
A 酒	大さじ2
A きび砂糖	大さじ1

下準備 手羽元は、骨に沿って切り込みを入れる。

煮る 鍋に手羽元とAを入れ、落としぶたをして火にかける。煮立ったらアクをとり、大根、長ねぎを加えて弱火で20分ほど煮る。

調理時間 **25**分

しょうゆのべんり漬け
きのこ

きのことだしが合わさって、うまみたっぷりのおかずに。
肉や魚のソースがわりにも使えます。好みのきのこを合わせてどうぞ。

[材料]
好みのきのこ（しめじ、えのきだけ、
　エリンギなど。食べやすい大きさ
　にしておく）……… 合わせて500g
しょうゆの漬けだれ
　しょうゆ …………… 大さじ5
　みりん ……………… 50ml
　きび砂糖 …………… 小さじ1
　べんり漬けの素(p.6参照)

[漬け方]
きのこは耐熱容器に入れ、ふんわり
とラップをかけて電子レンジに5分
ほどかける。熱いうちに蒸し汁ごと
ファスナー付き保存袋(M)に入れ、
漬けだれと水大さじ3を加える。あ
ら熱がとれたら冷蔵庫で30分ほど
漬ける。

漬けだれは調味料になります

↓盛るだけ！

食物繊維たっぷり！
ごはんにもお酒にも

Part.2　しょうゆのべんり漬け　**きのこ**を使って…

きのこのべんり漬けが調味料に！
白身魚ときのこのホイル焼き

材料(2人分)
- たら …… 2切れ
- きのこのべんり漬け
 (p.40) …… 150g
- 長ねぎ(1cm幅の斜め切り) …… 1/2本分
- バター …… 10g
- レモン(くし形切り) …… 2切れ
- 塩 …… 適量

下準備
↓
蒸す

たらの両面に塩を振る。大きめのアルミホイル2枚に長ねぎ、たら、きのこ、バターの順に半量ずつのせて包む。

フライパンに包んだアルミホイルを入れて弱めの中火にかけ、ふたをして10分ほど蒸し焼きにする。器にアルミホイルごと盛り、レモンを添える。

調理時間 **15**分

アツアツが絶品！ しっかり味でそのままおいしい
きのこの春巻き

材料(2人分)

きのこのべんり漬け(p.40)	200g
かつお節	1/2パック(2〜3g)
ミックスチーズ	50g
春巻きの皮	4枚
オリーブオイル	大さじ5
三つ葉(ざく切り)	2本分

巻く
きのこはキッチンペーパーで汁けをふき、かつお節とまぜる。春巻きの皮にきのこ、チーズをのせて巻く。

揚げ焼きにする
フライパンに油を熱し、春巻きの巻き終わりを下にして入れ、焼き色がついたら上下を返して揚げ焼きにする。両面に焼き色がついたら油をきり、器に盛って三つ葉を散らす。

調理時間 15分

Part.2 しょうゆのべんり漬け **きのこ**を使って…

味しみきのこがうまみたっぷりのソースに
豚肉のしょうが焼き

材料 (2人分)
- 豚ロース肉(しょうが焼き用) ……… 200g
- きのこのべんり漬け(p.40) ……… 150g
- A
  - しょうが(すりおろす) ……… 1片分
  - べんり漬けの漬けだれ、しょうゆ、酒 ……… 各大さじ1
  - 砂糖 ……… 小さじ2
- サラダ油 ……… 小さじ1
- キャベツ(せん切り) ……… 1枚分

下準備 豚肉はキッチンばさみで赤身と脂身の間に切り込みを入れるようにして、数カ所筋を切る。Aをまぜてバットに入れ、豚肉を加えて上下を返しながら10分ほど漬ける。

焼く フライパンに油を強めの中火で熱し、豚肉を広げて両面を焼く。Aの漬けだれはとっておく。きのこを加え、漬けだれを豚肉にかけながら全体にからめ、キャベツと一緒に器に盛り合わせる。

調理時間 15 分
肉を調味料に漬ける時間を除く

しょうゆのべんり漬け
長いも

だししょうゆがきいた長いものべんり漬けは、そのままごはんがすすむおかずになります。焼いたり生野菜とあえたりすると、また違った味わいに。

[材料]
長いも（1cm厚さの半月切り）
……………………600g

しょうゆの漬けだれ
しょうゆ ………… 大さじ5
みりん …………… 50ml
きび砂糖 ………… 小さじ1
べんり漬けの素(p.6参照)

[漬け方]
長いもは漬けだれとともにファスナー付き保存袋(M)に入れ、1kgの重石をし、冷蔵庫で一晩漬ける。

※長いものべんり漬けを使用したメニューのみ使えます。

漬けだれは調味料になります

↓盛るだけ！

いり白ごまを振って

Part.2 | しょうゆのべんり漬け | 長いもを使って…

ごま油で焼くだけ！ ホクホク食感おつまみ
長いもステーキ

材料(2人分)
- 長いものべんり漬け(p.44) ……… 100g
- ごま油 ……………………… 小さじ1
- 七味唐辛子 ………………………… 適量

焼く　フライパンに油を熱し、弱火にして長いもを入れる。あまりさわらずに片面1〜2分ずつ焼く。

盛る　器に盛り、七味唐辛子を振る。

調理時間 5分

のりの風味がおいしい。ごはんにかけても
長いものコロコロサラダ

材料(2人分)

A
- 長いものべんり漬け(p.44・1cmの角切り) ………… 150g
- きゅうり(1cmの角切り) …… 1本分
- べんり漬けの漬けだれ ……… 小さじ1
- ごま油 ……………………… 小さじ1

焼きのり(ちぎる) ……… 全形1/2枚分
いり白ごま ………………………… 適量

まぜる　ボウルにAをまぜ、全体がなじんだらのりをちぎりながら加えてざっくりまぜる。

盛る　器に盛り、ごまを振る。

調理時間 5分

Part.2 しょうゆのべんり漬け 長いもを使って…

梅の酸味がアクセント！ 味しみ長いもと豚肉を一緒に食べて
豚肉と長いもの梅しょうゆ蒸し

材料(2人分)
- 豚ロース薄切り肉 …… 200g
- 長いものべんり漬け(p.44)
  ………………………… 150g
- 長ねぎ(1cm幅の斜め切り)
  ………………………… 2本分
- 梅干し ………………… 2個
- A
  - 酒 …………………… 大さじ2
  - べんり漬けの漬けだれ
    ………………………… 大さじ1
  - 水 …………………… 大さじ1

蒸す → フライパンに長ねぎと長いもを入れ、空気が入るように豚肉をふんわりとのせる(写真a)。梅干しをちぎりながらのせ、Aをかけてふたをし、中火にかける。蒸気が出てきたら弱火にして5〜7分蒸し焼きにする。

盛る → 豚肉の色が変わったらすぐに火を止め、器に盛る。

調理時間 13分

Part.2 | しょうゆのべんり漬け | 長いもを使って…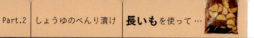

漬けだれで味がぴたりと決まる洋風ごはん
鯖缶と長いものバターまぜごはん

材料(2〜3人分)
- ごはん(温かいもの) ……………… 1合分
- A
  - 鯖缶(水煮、缶汁をきってほぐす) ……………… 1缶(190g)
  - 長いものべんり漬け(p.44・1cmの角切り) ……………… 170g
  - べんり漬けの漬けだれ ……… 小さじ2
  - バター ……………………………… 10g
- クレソン(ざく切り) ……… 1/2束分(20g)
- 黒こしょう ……………………………… 適量

まぜる ごはんにAを加えてまぜ、全体がなじんだらクレソンを加えてさっとまぜる。

盛る 器に盛り、こしょうをたっぷりと振る。

調理時間 5分

> ナンプラーアレンジ

しょうゆのべんり漬け

切り干し大根とセロリ

余りがちな切り干し大根を、しょうゆとナンプラーで味つけ。
エスニック風のおかずが手軽に作れます。

材料
切り干し大根 …………… 70g
セロリ（7cm長さの拍子木切り）
　………………………… 3本分

しょうゆの漬けだれ（ナンプラー）
　ナンプラー …………… 大さじ2
　しょうゆ ……………… 大さじ1
　みりん ………………… 50ml
　きび砂糖 ……………… 小さじ1
　べんり漬けの素（p.6参照）

漬け方
切り干し大根は5分ほど水につけてよくしぼり、セロリ、漬けだれとともにファスナー付き保存袋に入れる。1kgの重石をして、冷蔵庫で一晩漬ける。

漬けだれは調味料になります

↓ 盛るだけ！

いり白ごまと七味を振って、エスニック風味にアクセントを

レモン風味のさわやかなマリネ。冷やして食べてもおいしい！
ししゃものエスニックマリネ

材料(2人分)
ししゃも	6尾
サラダ油	小さじ2
薄力粉	適量
切り干し大根のべんり漬け(p.49)	50g
セロリのべんり漬け	40g
A 水、レモン果汁	各大さじ2
ナンプラー、砂糖	各小さじ2

焼く → フライパンに油を熱し、薄力粉を薄くまぶしたししゃもを入れる。両面に焼き色がついたら、耐熱容器に入れる。

漬けだれをかける → 同じフライパンに切り干し大根、セロリを入れてさっと炒める。Aを加えて煮立ったら、ししゃもにかける。味がなじんだら器に盛る。

調理時間 10分

| Part.2 | しょうゆのべんり漬け | 切り干し大根とセロリを使って… |

コリコリ食感が楽しいヘルシーおかず
切り干し大根とえのきの肉巻き

材料(2人分)

- 豚ロース薄切り肉 ……………… 12枚
- えのきだけ(ほぐす) ……………… 100g
- **切り干し大根のべんり漬け(p.49)**
  ……………………………………… 70g
- サラダ油 ……………………… 小さじ2
- A オイスターソース、しょうゆ
  ………………………………… 各小さじ1
- 一味唐辛子 ……………………… 適量

巻く
えのきと切り干し大根を12等分にし、それぞれ豚肉でくるくると巻く。これを12個作る。

焼く
フライパンに油を熱し、豚肉の巻き終わりを下にして2分焼く。弱火にして上下を返し、ふたをして2〜3分蒸し焼きにする。余分な水けをふき、Aを回しかけてからめる。器に盛り、一味唐辛子を振る。

調理時間 **15** 分

| Part.2 | しょうゆのべんり漬け | 切り干し大根と
セロリを使って… | |

タイの定番サラダを和風にアレンジ
切り干し大根のソムタム

材料(2人分)
- 水菜(3〜4cm長さ) ……………… 1/2株分
- 切り干し大根のべんり漬け(p.49)
  ………………………………………… 70g
- セロリのべんり漬け(p.49・細切り)
  ………………………………………… 40g
- にんじん(細切り) ……………… 1/4本分
- レモン果汁 ………………………… 小さじ1
- かつお節 ………………… 1/2パック(2〜3g)

まぜる　ボウルにかつお節以外の材料を入れ、まぜ合わせる。

盛る　器に盛り、かつお節をのせる。

調理時間 **5**分

べんり漬けの
ある生活
〜お弁当編〜

べんり漬けがあれば
お弁当もあっという間

味がしっかりしみているから
そのまま詰めてもりっぱなおかずに。
鮭を焼いてたれに漬け、
その間に根菜を炒めて
ナムルを詰めれば、
バランス弁当が20分足らずで。

白いごはん

根菜みそきんぴら (p.58)

揚げない鮭の
南蛮漬け (p.15)

三色ナムルの
べんり漬け (p.95)

帰ってから20分で完成！

べんり漬けの
ある生活
〜晩ごはん編〜

2、3種類のべんり漬けがあれば野菜たっぷりの献立もお待たせしません

鶏肉を焼いている間に
水菜とにんじんを切って
切り干し大根とあえてサラダに。
きゅうりは袋から出して盛るだけ。
焼けた鶏肉にトマトのたれをかければ、
大満足の晩ごはんのでき上がりです。

白いごはん

切り干し大根の
ソムタム (p.52)

鶏の照り焼き (p.21)

きゅうりの
べんり漬け (p.68)

Part.3
みそ
のべんり漬け

だしとみそ、みりんの、シンプルながら奥深い味わい。
甘辛いみそ味で、主菜になる炒め物がパパッとできます。
キャベツや大根とその漬けだれは、だしいらずのみそ汁にも！

------ 漬けだれの材料はコレ ------

みそ
大さじ5

みりん
大さじ4

べんり漬けの素

各ページの野菜を漬けるときは
p.8〜9の「野菜を漬けてみましょう」を参考にしてください。

みそのべんり漬け
大根

大根をみそだれで漬けたべんり漬けです。肉やほかの野菜と炒めてもおいしい！
漬けた大根と漬けだれは、そのまま絶品みそ汁にも。

材料
大根（1cm幅、5cm長さの拍子木切り）
　　……………1/2本分（500g）
みその漬けだれ
　みそ……………………大さじ5
　みりん……………………大さじ4
　べんり漬けの素（p.6参照）

漬け方
大根は漬けだれとともにファスナー付き保存袋に入れ、1kgの重石をし、冷蔵庫で1日漬ける。

漬けだれは調味料になります

↓ 盛るだけ！

一味を振ってピリ辛に

太く切ったごぼうと大根で、存在感のあるおかずに
根菜みそきんぴら

材料 (2人分)
- 大根のべんり漬け(p.57) ……… 100g
- ごぼう ……… 1/2本(75g)
- ごま油 ……… 大さじ1
- 赤唐辛子(小口切り) ……… 1本分
- 酒 ……… 大さじ2
- べんり漬けの漬けだれ ……… 大さじ1
- いり白ごま ……… 適量

炒める ごぼうは包丁の背で軽くこすって皮をこそげ、長さを4等分に切ってから6つ割りにする。フライパンに油と赤唐辛子を熱し、ごぼうを入れて炒める。しんなりしたら大根を加え、さっと炒める。酒、漬けだれを加えて汁けがなくなるまで炒める。

盛る 器に盛り、ごまを振る。

調理時間 15分

Part.3 | みそのべんり漬け | **大根**を使って…

ピリ辛のみそ味で、白いごはんにぴったり
大根麻婆

材料(2人分)
豚ひき肉	200g
大根のべんり漬け(p.57・1cmの角切り)	100g
しょうが(みじん切り)	1片分
長ねぎ(みじん切り)	10cm分
ごま油	小さじ1
赤唐辛子(小口切り)	1本分
A 酒	大さじ2
A オイスターソース	小さじ2
A かたくり粉	小さじ1

炒める Aを合わせる。フライパンに油としょうが、赤唐辛子を熱し、香りが立ったらひき肉を加えて強火で炒める。ひき肉に火が通ったら大根を加えてさっと炒め、Aをまぜながら加える。

盛る 全体がまざったら器に盛り、長ねぎをかける。

調理時間 **10**分

みそのべんり漬け
アボカド

漬け物にしてもおいしいアボカド。漬けると、今まで食べたことのない味わいに!
時間とともに変色するので、なるべく早く食べきりましょう。

材料

アボカド(半分に割って種を除く)……1個分
みその漬けだれ
　みそ……大さじ5
　みりん……大さじ4
　べんり漬けの素(p.6参照)

漬け方

アボカドは漬けだれとともにファスナー付き保存袋(M)に入れ、種のくぼみにも漬けだれが回るようにやさしく手でなじませる。冷蔵庫で一晩漬ける。

漬けだれは調味料になります

※アボカドのべんり漬けを使用したメニューのみ使えます。

盛るだけ!

そのまま食べやすく切って、とろりとした食感を満喫

Part.3 | みそのべんり漬け | **アボカド**を使って…

すぐにできるポキ風あえ物
まぐろとアボカドトマトあえ

材料 (2人分)
まぐろ (刺し身用、1.5cmの角切り)
………………………… 150g
アボカドのべんり漬け (p.60・1.5cmの角切り)
………………………… 1/2個分
トマト (1.5cmの角切り) …… 1/2個分 (100g)
べんり漬けの漬けだれ ……………… 小さじ1
ごま油 ………………………………… 適量

あえる：ボウルにまぐろ、アボカド、トマト、漬けだれをあえる。

↓

盛る：器に盛り、油を回しかける。

調理時間 **5**分

いつものポテトサラダにコクとクリーミーさをプラス
アボカドポテトサラダ

材料(2人分)
- じゃがいも(皮つき) ……………… 1個(200g)
- アボカドのべんり漬け(p.60・2cmの角切り)
  ……………… 1/2個分
- 玉ねぎ(横半分に切り、薄切りにして水にさらす)
  ……………… 1/4個分
- マヨネーズ ……………… 大さじ1と1/2
- べんり漬けの漬けだれ ……………… 小さじ1
- 黒こしょう ……………… 適量

つぶす じゃがいもを洗い、水がついたまま皮ごとラップで包んで電子レンジに2分、上下を返してさらに2分かける。ぬれたふきんなどを使って皮をむき、あらめにつぶしてマヨネーズとまぜる。

まぜる 水けをきった玉ねぎ、アボカド、漬けだれを加え、まぜ合わせて器に盛り、こしょうを振る。

※時間がたつと味が変わってしまうので、食べる直前にまぜ、なるべく早く食べきること。

調理時間 15分

Part.3 | みそのべんり漬け | **アボカド**を使って…

栄養たっぷり、朝ごはんにおすすめ！
納豆アボカド丼

材料(2人分)
- 温かいごはん ……………………… 2杯分
- アボカドのべんり漬け(p.60・一口大に切る) ……………………………… 1/2個分
- A
  - 納豆 …………………………… 2パック
  - しば漬け(あらく刻む)、しらす … 各15g
  - べんり漬けの漬けだれ、しょうゆ ……………………………… 各小さじ1
- 卵黄 …………………………………… 2個分
- いり白ごま …………………………… 適量

まぜる → ボウルにAをまぜてアボカドを加え、あえる。

盛る → ごはんを器に盛ってAとアボカド、卵黄をのせ、ごまを振る。

調理時間 **3分**

みそのべんり漬け
キャベツ

みそとだしがしみたキャベツは、炒め物やあえ物、蒸し物にも使える万能食材に。
あっという間にできて、味もピタッと決まります。

材料
キャベツ(ざく切り)
　………… 1/2個分(500g)
みその漬けだれ
　みそ ……………… 大さじ5
　みりん …………… 大さじ4
　べんり漬けの素(p.6参照)

漬け方
キャベツは漬けだれとともにファスナー付き保存袋に入れ、1kgの重石をして、冷蔵庫で一晩漬ける。

漬けだれは調味料になります

↓ 盛るだけ!

甘みそ味がしっかりしみたキャベツの和サラダ

Part.3 | みそのべんり漬け | **キャベツ**を使って…

ピリ辛アレンジでお弁当にもぴったりのごはんのお供に
キャベツとちくわのあえ物

材料(2人分)

A
- キャベツのべんり漬け(p.64) …… 100g
- ちくわ（5mm幅の斜め切り）…… 2本分
- 豆板醤 …………………………… 少々

ごま油 ……………………………… 小さじ1
焼きのり …………………………… 全形1/2枚

あえる → ボウルにAをまぜ合わせ、のりをちぎりながら加えてさっとあえる。

盛る → 器に盛り、油を回しかける。

調理時間 **3**分

調味料は最小限！ 定番中華を手間なしで
ホイコーロー

材料(2人分)
- 豚バラ薄切り肉（5 cm幅） ……………… 150g
- キャベツのべんり漬け(p.64) ……… 200g
- にんにく（みじん切り） ……………… 1片分
- 豆板醤 ……………………………… 小さじ1
- ごま油 …………………………… 小さじ1/2

炒める: フライパンに油を熱し、豚肉、にんにく、豆板醤を炒める。

盛る: 肉の色が変わったらキャベツを加え、強火にしてさっと炒め、器に盛る。

調理時間 5分

蒸し焼きにしたキャベツの甘みが、バターの風味とマッチ

鮭のちゃんちゃん焼き

[材料](2人分)

鮭	2切れ
キャベツのべんり漬け(p.64)	150g
れんこん（1cm厚さの輪切りにして水にさらす）	1/2節分(90g)
長ねぎ（1cm幅の斜め切り）	1本分
サラダ油	大さじ1/2
A べんり漬けの漬けだれ	大さじ2
酒	大さじ1
みそ	小さじ1
にんにく（すりおろし）	小さじ1/4
バター	10g
塩、黒こしょう	各少々

焼く　鮭の両面に塩、こしょうを振る。フライパンに油を熱し、水けをきったれんこん、鮭を入れて焼く。鮭に焼き色がついたら、鮭、れんこんの上下を返し、長ねぎ、キャベツを加えてまぜ合わせたAを回し入れ、ふたをして3分ほど蒸し焼きにする。

盛る　器に盛り、鮭にバターをのせる。

調理時間 **10**分

ごま酢アレンジ

みそのべんり漬け
きゅうり

みそだれにすりごま、ごま油などを合わせ、ごまの風味がきいたおかずに。
そのまま食べても、豚肉や鶏肉と炒めたり魚介とあえたりしても。

材料

きゅうり（あらめにたたく）
　　　　　　　　　　 4本分
みその漬けだれ（ごま酢）
　みそ……………… 大さじ4
　みりん…………… 大さじ4
　すり白ごま……… 大さじ3
　米酢……………… 大さじ2
　ごま油…………… 小さじ1
　べんり漬けの素(p.6参照)

漬け方

きゅうりは漬けだれとともにファスナー付き保存袋に入れ、1kgの重石をし、冷蔵庫で一晩漬ける。

漬けだれは調味料になります

↓ 盛るだけ！

たたいたきゅうりはしっかり味しみ！

Part.3 | みそのべんり漬け | **きゅうり**を使って…

漬けだれをそのままたれにするスピードメニュー
棒々鶏

材料(2人分)

鶏ささ身	4本
きゅうりのべんり漬け(p.68)	200g
酒	大さじ1
塩	少々
べんり漬けの漬けだれ	大さじ3

レンジにかける
ささ身を耐熱容器に入れて酒と塩を振り、ふんわりとラップをかけて電子レンジに2分半ほどかける。ラップをしたままあら熱をとり、食べやすい大きさに裂く。

↓

盛る
きゅうり、ささ身を器に盛り合わせ、漬けだれをかける(写真a)。

調理時間 **5**分
あら熱をとる時間を除く

かたくり粉を薄くまぶすのがカリカリに仕上げるポイント

カリカリ豚ときゅうり

材料(2人分)
豚こまぎれ肉	200g
きゅうりのべんり漬け(p.68)	150g
ごま油	大さじ2
かたくり粉	適量
べんり漬けの漬けだれ	大さじ2
塩、黒こしょう	各少々
長ねぎ(白髪ねぎ)	5cm分
ラー油	適量

炒める 豚肉はほぐして塩、こしょうを振り、かたくり粉を薄くまぶす。フライパンに油を強火で熱して豚肉を入れ、あまりさわらずに両面焼き色をつける。余分な脂をふき、きゅうり、漬けだれを加えてさっと炒める。

盛る 器に盛り、白髪ねぎをのせてラー油をかける。

調理時間 7分

Part.3 みそのべんり漬け | きゅうりを使って…

「もう１品」ほしいときにすぐできる
たこときゅうりのごま酢みそ

材料(2人分)
- A
  - ゆでたこ(刺し身用、そぎ切り) … 100g
  - きゅうりのべんり漬け(p.68) … 100g
  - べんり漬けの漬けだれ … 大さじ1
- 青じそ … 2枚

あえる Aを合わせてあえる。

盛る 器に盛り、青じそをちぎってのせる。

調理時間 **3**分

71

\ Column 1 /

キャベツのべんり漬けで作る
本格＆即席みそ汁

べんり漬けのみそ味のキャベツ(p.64)は、すでに味がついているので、温めるだけで本格みそ汁がパパッと作れます。また、こぶとかつお節のだしがとけ出た漬けだれは、みそと具とともにセットして湯を注げば、おいしい即席みそ汁に！

味のしみた
シャキシャキキャベツが
おいしい

キャベツのべんり漬けの
こぶとかつお節を活用

キャベツの本格みそ汁

[材料]（2杯分）
べんり漬けのキャベツ(p.64)
　　　　　　　　　　　100g
べんり漬けの漬けだれ …… 大さじ2
べんり漬けに使用したこぶ …… 1枚
べんり漬けに使用したかつお節
　パック ……………………… 1個
みそ ……… 大さじ1と1/2〜2

[作り方]
鍋に水2カップ、こぶとかつお節パックを入れて火にかけ、煮立ったらこぶ、かつお節パックをとり出し（写真a）、キャベツ、漬けだれを入れる。キャベツがしんなりしたら、火を止めてみそをとき入れる。

こぶとかつお節パックを煮出して、うまみを余さずみそ汁に。p.57の大根でも同じように作れます。

2分で完成！
1杯から
気軽に作れる

キャベツのべんり漬けの
漬けだれで

即席みそ汁

材料（1杯分）
べんり漬けの漬けだれ
　（p.64）…… 大さじ2
みそ
　… 小さじ2〜2と1/2
熱湯 ………… 1カップ
好みの食材（乾燥わかめ
や麩、万能ねぎなど）

作り方

漬けだれを入れる
椀に漬けだれとみそを入れる。みその量は漬けだれの味をみながら調整を。

好みの具を入れる
乾燥わかめや麩、万能ねぎなど、火を通す必要がないものを入れる。

湯を注ぐ
湯を注いでよくまぜ、乾物などがもどったら完成。

Part.4
マリネ
のべんり漬け

レモンの風味がさわやかな、和風マリネ味のべんり漬け。そのままサラダになるほか、漬けだれはそのままドレッシングとして使えます。炒め物の調味料にも最適。

―――― 漬けだれの材料はコレ ――――

- 米酢 75ml
- レモン果汁 1/2個分
- レモンの輪切り 1/2個分
- オリーブオイル 大さじ3
- はちみつ 大さじ3
- 粗塩 小さじ1

べんり漬けの素

各ページの野菜を漬けるときはp.8〜9の「野菜を漬けてみましょう」を参考にしてください。

マリネのべんり漬け
ズッキーニ

じつは生のまま食べてもおいしいズッキーニを、そのまま甘ずっぱいマリネ風に。
サラダや炒め物のアクセントとして活躍します。

[材料]

ズッキーニ（5mm厚さの輪切り）
　　………… 2本分（400g）

マリネの漬けだれ
　米酢 ……………… 75ml
　レモン果汁
　　…… 1/2個分（大さじ1と1/2）
　レモン（無農薬のもの、輪切り）
　　…………………… 1/2個分
　オリーブオイル ……… 大さじ3
　はちみつ …………… 大さじ3
　粗塩 ……………… 小さじ1
　べんり漬けの素（p.6参照）

漬けだれは
調味料に
なります

[漬け方]

ズッキーニは漬けだれとともに
ファスナー付き保存袋に入れ、
1kgの重石をして、冷蔵庫で
1晩漬ける。

↓ 盛るだけ！

↙ おもてなしにも！

漬けだれがおいしいドレッシングに！
ズッキーニとトマトのサラダ

材料 (2人分)

ズッキーニのべんり漬け(p.75・半分に切る)
……………………………………… 100g
トマト(8等分のくし形切り)
………………………… 小1個分(100g)
レタス(一口大にちぎる) ……… 3枚分
べんり漬けの漬けだれ ………… 大さじ1
黒こしょう ……………………………… 少々

あえる 食べる直前に大きめのボウルにすべての材料を入れてあえる。

調理時間 **5**分

Part.4 | マリネのべんり漬け | **ズッキーニ**を使って…

塩、こしょうだけで味が決まる！
たことズッキーニのガーリックソテー

材料(2人分)
ゆでたこ(刺し身用、そぎ切り)
　　　　　　　　　　　　 150g
ズッキーニのべんり漬け(p.75)
　　　　　　　　　　　　 100g
オリーブオイル ………… 大さじ1
にんにく(みじん切り) … 1片分
パセリ(刻む) …………… 適量
塩、黒こしょう ………… 各少々

フライパンに油大さじ1/2を熱し、汁けをきったズッキーニを入れて両面に焼き色をつける。ズッキーニをフライパンの端によせ、残りの油とたこ、にんにくを加えて炒める。塩、こしょうを加え、全体をさっと炒め合わせる。

器に盛り、パセリを散らす。

調理時間 **7**分

77

マリネのべんり漬け
パプリカ

カラフルなパプリカを、レモンが香るさわやかなべんり漬けに。
サラダに添えるだけで、パッと華やかになります。

[材料]

パプリカ(四つ割り)
　………… 大2個分(400g)

マリネの漬けだれ
　米酢 ……………………… 75ml
　レモン果汁
　　……1/2個分(大さじ1と1/2)
　レモン(無農薬のもの、輪切り)
　　………………………… 1/2個分
　オリーブオイル ……… 大さじ3
　はちみつ ……………… 大さじ3
　粗塩 …………………… 小さじ1
　べんり漬けの素(p.6参照)

[漬け方]

パプリカは漬けだれとともにファスナー付き保存袋に入れ、1kgの重石をして、途中で上下を返して冷蔵庫で1日漬ける。

漬けだれは調味料になります

↓ 盛るだけ！

食べやすく切って、あればディルで香りづけ

Part.4 | マリネのべんり漬け | **パプリカ**を使って…

レモンとバターが
きいたさっぱり風味の主菜
チキンステーキ

調理時間 **13**分

材料(2人分)

- 鶏もも肉 ……………… 1枚(250g)
- オリーブオイル ……… 小さじ2
- 塩 ……………………… 小さじ1/4
- 黒こしょう …………… 少々
- A
  - パプリカのべんり漬け
    (p.78・乱切り)
    ……………… 1切れ分
  - べんり漬けの漬けだれ
    ……………… 大さじ2
  - べんり漬けに入れた
    レモンの輪切り .. 4切れ
- バター ………………… 10g

下準備
鶏肉の皮目にフォークで数カ所穴をあけ、塩、こしょうをすり込む。

焼く
フライパンに油を熱し、皮目を下にして鶏肉を入れ、フライ返しなどで押さえつけながら2分ほど焼く。フライ返しを離し、さらに2分焼く。弱めの中火にして上下を返し、余分な脂をふく。Aを加えて3分ほどさらに焼く。レモンは、焼き色がついたら鶏肉の上にのせる。

盛る
鶏肉を食べやすい大きさに切り、器に盛り合わせてバターをのせる。

※鶏肉は調理の30分ほど前に、室温にもどしておくとしっとり仕上がる。

簡単にできるフライの手作りソース
野菜を食べるタルタル

材料(2人分)

ゆで卵(刻む)……………………… 1個分
パプリカのべんり漬け(p.78・7mmの角切り)
　………………………………………… 1切れ分
A マヨネーズ ……………………… 大さじ1
　黒こしょう ……………………… 適量
あじフライなど好みのフライ ……… 適量
レタス ……………………………… 1枚

まぜる → ボウルにパプリカと卵、Aを入れてまぜ、ソースにする。

盛る → 器にフライとレタスを盛り、ソースを添える。

調理時間 3分

Part.4 | マリネのべんり漬け | **パプリカを使って…**

味つけは漬けだれだけ。ビタミンたっぷりの美肌メニュー
パプリカとにんじんのナッツサラダ

材料(2人分)
パプリカのべんり漬け(p.78・半分の長さに切って細切り)	2切れ分
にんじん(せん切り)	1/4本分
べんり漬けの漬けだれ	小さじ2
くるみ	15g
イタリアンパセリ	適量

あえる くるみはフライパンでからいりし、あらく刻む。ボウルにパプリカとにんじんを入れ、漬けだれであえる。

盛る 器に盛り、くるみを散らしてイタリアンパセリを添える。

調理時間 **5**分

マリネのべんり漬け
かぶ

かぶを葉ごとたっぷり食べられる洋風の漬け物。
漬けだれはドレッシングや炒め物の調味料に使えて、とっても重宝します。

[材料]

かぶ(葉を切り離して皮をむき、
　8分割のくし形切り)… 3個分

マリネの漬けだれ

　米酢 …………………… 75ml
　レモン果汁
　　…… 1/2個分(大さじ1と1/2)
　レモン(無農薬のもの、輪切り)
　　………………………… 1/2個分
　オリーブオイル ……… 大さじ3
　はちみつ ……………… 大さじ3
　粗塩 …………………… 小さじ1
　べんり漬けの素(p.6参照)

[漬け方]

かぶとかぶの葉を漬けだれとともにファスナー付き保存袋に入れ、1kgの重石をして、冷蔵庫で1日漬ける。

漬けだれは調味料になります

↓ 盛るだけ!

葉は食べやすく切って。さわやかなサラダが完成

Part.4 | マリネのべんり漬け | かぶを使って…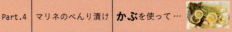

おもてなしにもぴったりのスピード前菜
サーモンとかぶのカルパッチョ

材料(2人分)
サーモン(刺し身用、薄切り) ……… 100g
かぶのべんり漬け(p.82・薄切り) ‥ 5切れ分
べんり漬けに入れたレモンの輪切り ‥ 4切れ
べんり漬けの漬けだれ …………… 小さじ2
ベビーリーフ ………………………… 1パック

 器にベビーリーフ、かぶ、サーモン、レモンを盛り合わせ、漬けだれをかける。

調理時間 3分

漬けだれとレモンだけで味が決まる！
かぶとしらすのレモンパスタ

材料(2人分)

スパゲッティーニ		160g
A	かぶのべんり漬け(p.82)	80g
	しらす	40g
	赤唐辛子(小口切り)	1本分
にんにく(みじん切り)		1片分
オリーブオイル		大さじ2
べんり漬けの漬けだれ		大さじ2
かぶの葉のべんり漬け(p.82・みじん切り)		25g
べんり漬けに入れたレモンの輪切り		4切れ
黒こしょう		適量

ゆでる → 鍋にたっぷりの湯を沸かし、1％の塩分になるように塩(分量外)を加える。パスタを袋の表示時間より1分短くゆでる。ゆで汁はとっておく。

炒める → フライパンに油とにんにくを熱し、香りが立ったらAを加えてさっと炒め、パスタのゆで汁をおたま1杯分と漬けだれを加える。

盛る → 水けをきったパスタを加え、手早くまぜて器に盛る。かぶの葉を散らし、こしょうを振ってレモンをのせる。

調理時間 17分

Part.4 マリネのべんり漬け　かぶを使って…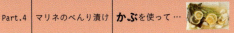

いかは火を通しすぎずにやわらかく
かぶといかのレモン炒め

材料(2人分)

- いか……………………… 1ぱい
- かぶのべんり漬け(p.82)……80g
- ブロッコリー(小房に分ける)
  ……………………… 1/2株分
- にんにく(つぶす)………… 1片分
- オリーブオイル………… 大さじ1
- べんり漬けの漬けだれ
  ……………………… 大さじ2
- 塩………………………… ひとつまみ
- 黒こしょう………………… 適量

下準備　↓　炒める

いかはわたと足を引き抜き、わたを切りとる。胴は軟骨を除き、1.5cm幅に、足は2〜3本ずつ食べやすく切る。

フライパンに油とにんにくを弱めの中火で熱し、温まったらブロッコリーを加える。2〜3分炒めたら、強火にしていか、かぶを加えてさっと炒める。塩、こしょうを振り、漬けだれを加えてからめる。

調理時間　15分

85

マリネのべんり漬け
カリフラワーとアスパラ

カリフラワーとアスパラガスを、スパイスをきかせたマリネだれで漬けます。
カレー風味の炒め物やドライカレーにぴったりです。

[材料]
- カリフラワー(小房に分ける)… 小1株分(400g)
- アスパラガス(根元を切り、下1/3の皮をむき、長さを半分に切る) …………… 6本分

マリネの漬けだれ(カレー)
- 米酢 ………………………………… 75ml
- レモン果汁 ……………… 1個分(大さじ3)
- オリーブオイル …………………… 大さじ3
- はちみつ …………………………… 大さじ3
- カレー粉 …………………………… 小さじ1
- 粗塩 ………………………………… 小さじ1
- べんり漬けの素(p.6参照)

[漬け方]
鍋に湯を沸かしてアスパラを入れ、1分後にカリフラワーを加えてさらに30秒ゆでる。ファスナー付き保存袋に水けをきった野菜と漬けだれを入れる。冷蔵庫で一晩漬ける。

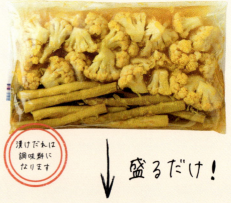

漬けだれは調味料になります

↓ 盛るだけ!

お店みたいな味わい

Part.4 マリネのべんり漬け **カリフラワーとアスパラを使って…**

トースターで焼くだけ。ワインにもぴったり！
カリフラワーとアスパラのチーズグリル

材料(2人分)
- カリフラワーのべんり漬け(p.86) … 4切れ
- アスパラガスのべんり漬け(p.86) … 4切れ
- パルメザンチーズ …………… 小さじ2
- 黒こしょう ………………………… 適量

焼く トースターの天板にアルミホイルを敷き、カリフラワーとアスパラをのせる。パルメザンチーズを振り、焼き色がつくまでトースターで焼く。

盛る 器に盛り、こしょうを振る。

調理時間 **10** 分

カレー風味でごはんがすすむボリュームおかず
豚肉とカリフラワーのスパイシー炒め

材料 (2人分)

豚肩ロース肉(焼き肉用)	200g
れんこん(小さめの乱切りにして水にさらす)	1/2節(90g)
カリフラワーのべんり漬け(p.86)	180g
にんにく(つぶす)	1片
オリーブオイル	大さじ1
いり白ごま	大さじ1
カレー粉	小さじ2
べんり漬けの漬けだれ	大さじ1
塩、黒こしょう	各適量

炒める → 豚肉に塩、こしょう各少々を振る。フライパンに油とにんにくを入れて熱し、れんこんを炒めて塩、こしょう各少々を振る。れんこんが透き通ってきたら豚肉を入れて両面焼く。にんにくは焦げそうになったらとり出す。豚肉の色が変わったら、カリフラワー、ごま、カレー粉を加えてさっと炒め、漬けだれを加える。

盛る → 汁けがほとんどなくなったら器に盛る。

調理時間 **13**分

Part.4 マリネのべんり漬け | **カリフラワー**と**アスパラ**を使って…

鶏ひき肉を使った、すぐできカレー！
ドライカレー

材料(2人分)

温かいごはん	2杯分(300g)
鶏ひき肉	150g
にんにく(みじん切り)	1片分
玉ねぎ(みじん切り)	1/4個分(50g)
オリーブオイル	大さじ1
A カリフラワーのべんり漬け 　(p.86・1cmの角切り)	4切れ分
アスパラのべんり漬け(p.86・1cm長さ)	2切れ分
カレー粉	小さじ2
塩	小さじ1/2
黒こしょう	適量
べんり漬けの漬けだれ	小さじ2

炒める → フライパンに油を熱し、にんにく、玉ねぎを炒める。玉ねぎが透き通ってきたらひき肉を加えて炒め、ひき肉に火が通ったらAを加えて炒める。

盛る → 全体がなじんだらごはんと漬けだれを加えてさっと炒め、器に盛る。

調理時間 **10**分

89

Part.4 マリネのべんり漬け **カリフラワー**と**アスパラ**を使って…

カレー風味の衣が食欲をそそる
たらのカレーピカタ

材料(2人分)

たら(それぞれ3等分に切る)	2切れ分
カリフラワーのべんり漬け(p.86)	4切れ
アスパラガスのべんり漬け(p.86)	4切れ
べんり漬けの漬けだれ	小さじ2
オリーブオイル	大さじ2
とき卵	1個分
カレー粉	小さじ1
薄力粉	大さじ1
塩	少々
黒こしょう	適量
パセリ(刻む)	適量

下準備 → たらは塩を振って10分ほどおく。水けをふき、漬けだれ、こしょうをまぶす。とき卵にカレー粉をまぜてカレー衣を作る。

焼く たらに薄力粉をまぶす。フライパンに油を熱し、カレー衣をつけながらたらを入れ、両面を6分ほどかけて焼く。カリフラワー、アスパラにも薄力粉とカレー衣をつけ、フライパンのあいているところで焼く。器に盛り、パセリを散らす。

調理時間 **15**分
たらに塩を振っておく時間を除く

\ Column 2 /

「べんり漬け」は体にもうれしい
野菜×発酵調味料で体が整う

「べんり漬け」は野菜がたっぷり食べられるのはもちろん、発酵調味料を多く使用しているのも魅力。漬けだれに使用する酢、しょうゆ、みそ、みりん、塩麹、豆板醤、ナンプラー。これらはすべて発酵を経て作られる調味料です。

そもそも"発酵"とは、微生物の働きによって、人間に有益なように物質が変化することをいいます。たとえばみそ。原材料の麹、大豆、塩をただまぜただけではおいしさは感じられませんが、麹菌という微生物の働きによって、甘みやうまみが生まれます。さらに、発酵によって新たな栄養素が加わったり、整腸効果がプラスされたりするのです。

日々の食事にべんり漬けをとり入れることで、体が整うのを実感していただけるでしょう。

a. ナンプラー
生の魚を塩漬けにして発酵させて作るもので、魚醤の一種。香りが強く、とくにタイ料理では欠かせない調味料。

b. 豆板醤
中国発祥の調味料で、そら豆に唐辛子や塩を加えて発酵させ、みそのような状態にしたもの。ピリッとした辛さが特徴。

c. 塩麹
麹と塩、水をまぜて発酵させたもの。コクのある塩味が特徴で、簡単に手作りできます。チューブタイプの市販品もべんり。

d. みそ
大豆を蒸して潰し、塩と麹を加えて発酵させて作ったもの。市販品のなかでおすすめは、米麹を贅沢につかった「㐂助みそ」。甘みとうまみが豊富で、料理がまろやかな味わいに。

e. 酢
酒に酢酸菌を加えて発酵させたもので、強い酸味をもつ。日本では米酢が一般的。おすすめは酸味がまろやかでうまみが豊かな「純米富士酢」。漬け物に使うと、すっぱすぎず食べやすくなります。

f. しょうゆ
大豆や小麦を主材料に発酵して作られる、日本人に馴染み深い発酵調味料。「井上古式じょうゆ」は大豆の香りがしっかりと感じられ、料理に使うと風味豊かにしあがります。

30分でできる 家飲みメニュー

サーモンとかぶの カルパッチョ (p.83)

べんり漬けの
ある生活
〜おもてなし編〜

ナムルやマリネのべんり漬けは 人が集まる日にも 大活躍してくれます

前日にパプリカとかぶの
べんり漬けを仕込んでおいて、
当日にトマトを漬ければ準備完了。
あとはチキンを焼くだけで
ワインにぴったりの華やかなテーブルに。

ミニトマトの
べんり漬け (p.101)

チキンステーキ (p.79)

Part.5
ナムル
のべんり漬け

水っぽくなったり、味がぼやけたりしがちなナムル。
べんり漬けなら漬け時間30分で、ばっちり味が決まります。
主菜にも主食にも大活躍間違いナシの、万能おかずの素です。

------ 漬けだれの材料はコレ ------

| しょうゆ
大さじ2 | ごま油
大さじ1 | にんにく
小さじ1/4 | 粗塩
小さじ1/4 |

べんり漬けの素

各ページの野菜を漬けるときは
p.8〜9の「野菜を漬けてみましょう」を参考にしてください。

ナムルのべんり漬け
三色ナムル

野菜をさっとゆでて漬ければ完成する、しっかり味の三色ナムル。
炒めたこまぎれ肉と合わせてビビンバ丼に。もやしでかさ増しもおすすめです。

材料
- にんじん(細切り)……… 1/2本分(100g)
- 小松菜(茎と葉に分け、5cm長さ)
  ……… 1/2束分(100g)
- もやし……… 1袋(250〜300g)

ナムルの漬けだれ
- しょうゆ……… 大さじ2
- ごま油……… 大さじ1
- にんにく(すりおろし)…… 小さじ1/4
- 粗塩……… 小さじ1/4

べんり漬けの素(p.6参照)

漬け方
鍋に湯を沸かして小松菜の茎を入れ、30秒たったら小松菜の葉とほかの野菜を加え、さらに30秒ゆでる。あら熱をとって水けをよくしぼり、漬けだれとともにファスナー付き保存袋(M)に入れ、冷蔵庫で30分ほど漬ける。

盛るだけ！

速攻味しみ！

肉を加えて炒めるだけ！
豚こまとナムルの炒め物

材料(2人分)
豚こまぎれ肉	150g
三色ナムルのべんり漬け(p.95)	120g
ごま油	小さじ1
しょうゆ	小さじ1
万能ねぎ(小口切り)	1本分

炒める フライパンに油を熱し、豚肉を入れてほぐしながら炒める。豚肉の色が変わったら、三色ナムル、しょうゆを加えてさっと炒める。

盛る 器に盛り、万能ねぎを散らす。

調理時間 5分

Part.5 | ナムルのべんり漬け | 三色ナムルを使って…

ピリ辛風味のくせになる一品
ナムルと鯖缶のあえ麺

材料(2人分)

中華麺(ゆでる)	2玉
三色ナムルのべんり漬け(p.95)	120g
鯖缶(水煮、水けをきる)	1缶(190g)
ごま油	小さじ1
A ごま油	大さじ2
しょうゆ	小さじ2
豆板醤	小さじ1
長ねぎ(白髪ねぎ)	5cm分

焼く　フライパンに油を熱して鯖をかたまりのまま入れ、焼き目をつけてざっくりほぐす。

あえる　大きめのボウルにAと三色ナムルを入れてまぜ、麺を加えてあえる。器に盛り、鯖と白髪ねぎをのせる。

調理時間 10分

ナムルのべんり漬け
ピーマン

だしがしみたナムル風味のピーマンはついつい手がのびるおいしさ。
レンジ加熱で、手軽にできるのが魅力です。

[材料]
ピーマン（縦半分に切りへたと種をとる）
　‥‥‥‥‥‥‥‥‥‥‥‥‥ 10個分
ナムルの漬けだれ
　しょうゆ ‥‥‥‥‥ 大さじ2
　ごま油 ‥‥‥‥‥‥ 大さじ1
　にんにく（すりおろし）
　‥‥‥‥‥‥‥‥‥ 小さじ1/4
　粗塩 ‥‥‥‥‥‥‥ 小さじ1/4
　べんり漬けの素(p.6参照)

[漬け方]
ピーマンはなるべく重ならないように耐熱容器に並べ、ふんわりとラップをかけて電子レンジに5分かける。水けをきり、熱いうちに漬けだれとともにファスナー付き保存袋(M)に入れる。あら熱がとれたら冷蔵庫で30分ほど漬ける。

漬けだれは調味料になります

※ピーマンのべんり漬けを使用したメニューのみ使えます。

盛るだけ！

いり白ごまを振っても

Part.5 | ナムルのべんり漬け | **ピーマン**を使って…

あえるだけの絶品おつまみ
のりチーズピーマン

材料(2人分)

ピーマンのべんり漬け(p.98・3等分に切る)	6切れ分
クリームチーズ(1cmの角切り)	20g
かつお節	1/2パック(2〜3g)
焼きのり(ちぎる)	全形1/2枚分

あえる → ボウルにのり以外の材料をすべて入れ、あえる。

盛る → のりを加えてさっとあえ、器に盛る。

調理時間 **3**分

Part.5 | ナムルのべんり漬け | ピーマンを使って…

ふんわりささ身がトロッと食感のピーマンに合う
鶏とピーマンのマヨあえ

[材料] (2人分)

鶏ささ身	4本
ピーマンのべんり漬け (p.98・3等分に切る)	4切れ分
貝割れ菜 (長さ半分)	1/2パック分
酒	大さじ1
塩	少々
A マヨネーズ	大さじ1
すり白ごま	大さじ1
しょうゆ	小さじ1
べんり漬けの漬けだれ	小さじ1

レンジにかける　ささ身を耐熱容器に入れて酒と塩を振り、ふんわりとラップをかけて電子レンジに2分半ほどかける。ラップをかけたままあら熱をとり、裂く。

あえる　ボウルにAの材料をまぜ、ささ身、ピーマン、貝割れ菜を加えてあえる。

調理時間　5分

ささ身のあら熱をとる時間を除く

ナムルのべんり漬け
ミニトマト

ミニトマトをナムルだれで漬けたら、びっくりするほど味わい深くなりました。さまざまな料理に、ソースがわりにかけてみて。

[材料]
ミニトマト(半分に切る)
　　　………… 2パック分
ナムルの漬けだれ
　しょうゆ ………… 大さじ2
　ごま油 …………… 大さじ1
　にんにく(すりおろし)
　　　………… 小さじ1/4
　粗塩 ……………… 小さじ1/4
　べんり漬けの素(p.6参照)

[漬け方]
ミニトマトは漬けだれとともにファスナー付き保存袋(M)に入れる。冷蔵庫で30分ほど漬ける。

漬けだれは調味料になります

盛るだけ！

いり白ごまを振っても

とろとろ玉ねぎと甘辛牛肉にトマトでアクセントを
トマト牛丼

材料(2人分)

温かいごはん	2杯分
牛こまぎれ肉	200g
玉ねぎ(横半分に切り、5mm幅の薄切り)	3/4個(150g)
トマトのべんり漬け(p.101)	70g
A 水	1/2カップ
みりん	大さじ5
しょうゆ	大さじ3
酒	大さじ3

煮る 鍋にAと玉ねぎを入れて火にかける。煮立ってからさらに5分ほど煮て、玉ねぎがしんなりしたら牛肉を加えてほぐす。アクをとりながら7〜8分、煮汁が1/3くらいになるまで煮詰め、トマトを加えてさっと煮る。

盛る 器にごはんを盛り、牛肉と玉ねぎ、トマトをのせる。

調理時間 **20**分

Part.5 | ナムルのべんり漬け | **ミニトマト**を使って…

漬けだれで作るドレッシングがおいしい
トマトとわかめのとうふサラダ

材料(3〜4人分)
- 水菜(3cm長さ)……………… 2株(80g)
- 絹ごしどうふ(スプーンなどで食べやすい 大きさに切る)……………… 1/2丁分
- トマトのべんり漬け(p.101・半分に切る) ……………… 40g
- 乾燥わかめ(水でもどす)……………… 5g分
- A
  - べんり漬けの漬けだれ……… 大さじ2
  - すり白ごま……………… 小さじ2
  - しょうゆ……………… 小さじ1
  - 砂糖……………… ひとつまみ

まぜる — Aを合わせてよくまぜる。

盛る — 器に水菜を広げ、わかめ、とうふ、トマトをのせ、Aをかける。

調理時間 **5**分
乾燥わかめをもどす時間を除く

Part.5 ナムルのべんり漬け｜ミニトマトを使って…

べんり漬けのミニトマトをソースがわりに！
鯖のソテー

材料 (2人分)
- 鯖(二枚におろしたもの)……… 2切れ
- トマトのべんり漬け(p.101・4等分に切る)
  ……………………………………… 150g
- レタス(せん切り)……………… 3枚分
- にんにく(しんを除いて薄切り)…… 1片分
- サラダ油……………………… 大さじ3
- 薄力粉………………………… 大さじ1
- 塩、黒こしょう………………… 各少々

焼く　鯖は洗って水けをふき、半分に切る。両面に塩、こしょうを振り、薄力粉をまぶす。フライパンに油とにんにくを入れて強めの中火で熱し、皮目を下にして鯖を入れる。焼き色がついたら上下を返し、4分ほど焼く。にんにくはカリカリになったらとり出す。

盛る　器にレタスと鯖を盛り、トマトをかけてにんにくを散らす。

調理時間 **13** 分

「豆板醤アレンジ」

ナムルのべんり漬け
きのこ

豆板醤を加えて、ピリ辛風味にアレンジしました。
うまみたっぷりで、スープやあえ物、炒め物に大活躍します。

|材料|

好みのきのこ（しめじ、えのきだけ、エリンギなど。食べやすい大きさにしておく）
……………………………… 合わせて500g

ナムルの漬けだれ（豆板醤）
　しょうゆ …………… 大さじ2
　ごま油 ……………… 大さじ1
　にんにく（すりおろし）
　　………………… 小さじ1/4
　豆板醤 …………… 小さじ1/2
　べんり漬けの素(p.6参照)

|漬け方|

きのこはふんわりとラップをかけて電子レンジに5分ほどかける。あら熱がとれたらキッチンペーパーで水けを軽くふきとって漬けだれとともにファスナー付き保存袋(M)に入れ、冷蔵庫で30分ほど漬ける。

盛るだけ！

レンジ加熱で味がしみた
うまみたっぷりの
きのこサラダ

袋から出して入れて、すぐに完成！
即席きのこの中華スープ

[材料](2人分)
きのこのべんり漬け(p.105) …… 60g
中華スープの素(顆粒) …… 小さじ2
とき卵 …………………… 2個分
黒こしょう ………………… 少々

○ スープを作る
鍋に水2カップを入れて火にかけ、沸騰したらきのこと中華スープの素を入れる（写真a）。煮立ったらとき卵を入れ、菜箸で大きくかきまぜて火を止める。

○ 盛る
10秒ほどおいたら器に盛り、こしょうを振る。

調理時間 **3**分

Part.5 ナムルのべんり漬け きのこを使って…

たっぷりきのこのヘルシーおかず
鶏むね肉とれんこんのピリ辛きのこ炒め

材料(2人分)

鶏むね肉(皮なし)	1枚分(250g)
れんこん(5cm長さ、1.5cm幅に切って水にさらす)	1節分(180g)
きのこのべんり漬け(p.105)	100g
A 酒、しょうゆ	各小さじ1
かたくり粉	大さじ2
ごま油	大さじ2
B しょうゆ、みりん	各小さじ2
豆板醤	小さじ1/4
万能ねぎ(小口切り)	2本分

炒める → 盛る

鶏肉はそぎ切りにしてから1.5cm幅くらいに切る。Aをもみ込み、かたくり粉をまぶす。フライパンに油を弱めの中火で熱し、鶏肉、水けをきったれんこんを入れて炒める。鶏肉に火が通ったらきのことBを加え、全体にからめる。

器に盛り、万能ねぎを散らす。

調理時間 13分

107

野菜別 Index

アスパラガス

マリネのべんり漬け　カリフラワーとアスパラ
⋯⋯⋯⋯⋯⋯⋯⋯⋯⋯⋯ 86
カリフラワーとアスパラのチーズグリル ⋯⋯ 87
ドライカレー ⋯⋯⋯⋯⋯⋯⋯⋯⋯ 89
たらのカレーピカタ ⋯⋯⋯⋯⋯⋯⋯ 90

アボカド

みそのべんり漬け　アボカド ⋯⋯⋯⋯⋯ 60
まぐろとアボカドトマトあえ ⋯⋯⋯⋯⋯ 61
アボカドポテトサラダ ⋯⋯⋯⋯⋯⋯⋯ 62
納豆アボカド丼 ⋯⋯⋯⋯⋯⋯⋯⋯⋯ 63

かぶ

甘酢のべんり漬け　かぶ ⋯⋯⋯⋯⋯⋯ 16
鶏だんごとかぶの煮込み ⋯⋯⋯⋯⋯⋯ 17
納豆とかぶの葉の冷ややっこ ⋯⋯⋯⋯⋯ 18
かぶと干物のまぜごはん ⋯⋯⋯⋯⋯⋯ 19
マリネのべんり漬け　かぶ ⋯⋯⋯⋯⋯ 82
サーモンとかぶのカルパッチョ ⋯⋯⋯⋯ 83
かぶとしらすのレモンパスタ ⋯⋯⋯⋯⋯ 84
かぶといかのレモン炒め ⋯⋯⋯⋯⋯⋯ 85

カリフラワー

マリネのべんり漬け　カリフラワーとアスパラ
⋯⋯⋯⋯⋯⋯⋯⋯⋯⋯⋯ 86
カリフラワーとアスパラのチーズグリル ⋯⋯ 87
豚肉とカリフラワーのスパイシー炒め ⋯⋯ 88
ドライカレー ⋯⋯⋯⋯⋯⋯⋯⋯⋯ 89
たらのカレーピカタ ⋯⋯⋯⋯⋯⋯⋯ 90

きのこ

しょうゆのべんり漬け　きのこ ⋯⋯⋯⋯ 40
白身魚ときのこのホイル焼き ⋯⋯⋯⋯⋯ 41
きのこの春巻き ⋯⋯⋯⋯⋯⋯⋯⋯⋯ 42
豚肉のしょうが焼き ⋯⋯⋯⋯⋯⋯⋯⋯ 43
切り干し大根とえのきの肉巻き ⋯⋯⋯⋯ 51
ナムルのべんり漬け　きのこ ⋯⋯⋯⋯ 105
即席きのこの中華スープ ⋯⋯⋯⋯⋯ 106
鶏むね肉とれんこんのピリ辛きのこ炒め ⋯ 107

キャベツ

甘酢のべんり漬け　半端野菜 ⋯⋯⋯⋯ 29
酢豚 ⋯⋯⋯⋯⋯⋯⋯⋯⋯⋯⋯⋯⋯ 30
塩焼きそば ⋯⋯⋯⋯⋯⋯⋯⋯⋯⋯⋯ 31
みそのべんり漬け　キャベツ ⋯⋯⋯⋯⋯ 64
キャベツとちくわのあえ物 ⋯⋯⋯⋯⋯ 65
ホイコーロー ⋯⋯⋯⋯⋯⋯⋯⋯⋯⋯ 66
鮭のちゃんちゃん焼き ⋯⋯⋯⋯⋯⋯⋯ 67
キャベツの本格みそ汁 ⋯⋯⋯⋯⋯⋯⋯ 72

きゅうり

甘酢のべんり漬け　きゅうり ⋯⋯⋯⋯⋯ 23
あじときゅうりの梅タルタル ⋯⋯⋯⋯⋯ 24
豚バラときゅうりの炒め物 ⋯⋯⋯⋯⋯⋯ 25
長いものコロコロサラダ ⋯⋯⋯⋯⋯⋯ 46
みそのべんり漬け　きゅうり ⋯⋯⋯⋯⋯ 68
棒々鶏 ⋯⋯⋯⋯⋯⋯⋯⋯⋯⋯⋯⋯ 69
カリカリ豚ときゅうり ⋯⋯⋯⋯⋯⋯⋯ 70
たこときゅうりのごま酢みそ ⋯⋯⋯⋯⋯ 71

切り干し大根

しょうゆのべんり漬け　切り干し大根とセロリ
……………………………………… 49
ししゃものエスニックマリネ ……………… 50
切り干し大根とえのきの肉巻き ………… 51
切り干し大根のソムタム ………………… 52

ごぼう

鶏だんごとかぶの煮込み ………………… 17
根菜みそきんぴら ………………………… 58

小松菜

ナムルのべんり漬け　三色ナムル ……… 95
豚こまとナムルの炒め物 ………………… 96
ナムルと鯖缶のあえ麺 …………………… 97

じゃがいも

アボカドポテトサラダ …………………… 62

ズッキーニ

マリネのべんり漬け　ズッキーニ ……… 75
ズッキーニとトマトのサラダ …………… 76
たことズッキーニのガーリックソテー …… 77

セロリ

甘酢のべんり漬け　セロリ ……………… 26
チキンとセロリのおかずサラダ ………… 27
海鮮ヤムウンセン ………………………… 28
しょうゆのべんり漬け　切り干し大根とセロリ
……………………………………… 49
ししゃものエスニックマリネ ……………… 50
切り干し大根のソムタム ………………… 52

大根

しょうゆのべんり漬け　大根 …………… 36
ぶり大根 …………………………………… 37
牛肉の香味焼き …………………………… 38
鶏手羽元のしょうゆ煮 …………………… 39
みそのべんり漬け　大根 ………………… 57
根菜みそきんぴら ………………………… 58
大根麻婆 …………………………………… 59

玉ねぎ・紫玉ねぎ

甘酢のべんり漬け　玉ねぎ ……………… 14
揚げない鮭の南蛮漬け …………………… 15
海鮮ヤムウンセン ………………………… 28
甘酢のべんり漬け　半端野菜 …………… 29
酢豚 ………………………………………… 30
塩焼きそば ………………………………… 31
アボカドポテトサラダ …………………… 62
ドライカレー ……………………………… 89
トマト牛丼 ………………………………… 102

トマト・ミニトマト

甘酢のべんり漬け　ミニトマト ………… 20
鶏の照り焼き ……………………………… 21
さっぱり冷しゃぶ ………………………… 22
チキンとセロリのおかずサラダ ………… 27
まぐろとアボカドトマトあえ …………… 61
ズッキーニとトマトのサラダ …………… 76
ナムルのべんり漬け　ミニトマト ……… 101
トマト牛丼 ………………………………… 102
トマトとわかめのとうふサラダ ………… 103
鯖のソテー ………………………………… 104

長いも

しょうゆのべんり漬け　長いも …………… 44
長いもステーキ ……………………………… 45
長いものコロコロサラダ …………………… 46
豚肉と長いもの梅しょうゆ蒸し …………… 47
鯖缶と長いものバターまぜごはん ………… 48

長ねぎ

鶏手羽元のしょうゆ煮 ……………………… 39
白身魚ときのこのホイル焼き ……………… 41
豚肉と長いもの梅しょうゆ蒸し …………… 47
鮭のちゃんちゃん焼き ……………………… 67

にんじん

甘酢のべんり漬け　半端野菜 ……………… 29
酢豚 …………………………………………… 30
塩焼きそば …………………………………… 31
切り干し大根のソムタム …………………… 52
パプリカとにんじんのナッツサラダ ……… 81
ナムルのべんり漬け　三色ナムル ………… 95
豚こまとナムルの炒め物 …………………… 96
ナムルと鯖缶のあえ麺 ……………………… 97

白菜

甘酢のべんり漬け　半端野菜 ……………… 29
酢豚 …………………………………………… 30
塩焼きそば …………………………………… 31
甘酢のべんり漬け　白菜 …………………… 32
即席ラーパーツァイ ………………………… 33
塩麹白菜鍋 …………………………………… 34

パプリカ

マリネのべんり漬け　パプリカ …………… 78
チキンステーキ ……………………………… 79
野菜を食べるタルタル ……………………… 80
パプリカとにんじんのナッツサラダ ……… 81

ピーマン

ナムルのべんり漬け　ピーマン …………… 98
のりチーズピーマン ………………………… 99
鶏とピーマンのマヨあえ …………………… 100

ブロッコリー

かぶといかのレモン炒め …………………… 85

水菜

切り干し大根のソムタム …………………… 52
トマトとわかめのとうふサラダ …………… 103

もやし

ナムルのべんり漬け　三色ナムル ………… 95
豚こまとナムルの炒め物 …………………… 96
ナムルと鯖缶のあえ麺 ……………………… 97

レタス

ズッキーニとトマトのサラダ ……………… 76
鯖のソテー …………………………………… 104

れんこん

鮭のちゃんちゃん焼き ……………………… 67
豚肉とカリフラワーのスパイシー炒め …… 88
鶏むね肉とれんこんのピリ辛きのこ炒め … 107

榎本美沙 Misa Enomoto

料理家、発酵マイスター。
広告会社勤務を経て調理師学校を卒業し、独立。旬野菜や発酵食品を使ったレシピの開発が得意。忙しい人にももっと野菜を、との思いから生まれたのが今回の「べんり漬け」。何度も試作を重ね、多くの人においしくて作りやすいと実感してもらえるレシピやしくみをとことん研究し、自らも「べんり漬け」を使った生活を実践している。

HP「ふたりごはん」 https://www.futari-gohan.jp
YouTube 「榎本美沙の季節料理」配信中
Instagram @misa_enomoto

staff

撮影	佐山裕子（主婦の友社）
料理アシスタント	さくらいしょうこ
	榎本洋行
スタイリング	浜田恵子
装丁・本文デザイン	太田玄絵
取材・文・構成	萩原はるな
編集担当	澤藤さやか（主婦の友社）

商品協力／旭化成ホームプロダクツ株式会社

野菜の「べんり漬け」

2019年11月30日　第1刷発行
2024年 2月20日　第4刷発行

著　者　榎本美沙
発行者　平野健一
発行所　株式会社主婦の友社
　　　　〒141-0021
　　　　東京都品川区上大崎3-1-1 目黒セントラルスクエア
　　　　☎03-5280-7537（内容・不良品等のお問い合わせ）
　　　　☎049-259-1236（販売）
印刷所　大日本印刷株式会社

©Misa Enomoto 2019　Printed in Japan
ISBN 978-4-07-439055-7

®〈日本複製権センター委託出版物〉
本書を無断で複写複製（電子化を含む）することは、著作権法上の例外を除き、禁じられています。本書をコピーされる場合は、事前に公益社団法人日本複製権センター（JRRC）の許諾を受けてください。また本書を代行業者等の第三者に依頼してスキャンやデジタル化することは、たとえ個人や家庭内での利用であっても一切認められておりません。
JRRC〈 https://jrrc.or.jp
eメール:jrrc_info@jrrc.or.jp　電話:03-6809-1281 〉

■本のご注文は、お近くの書店または主婦の友社コールセンター（電話0120-916-892）まで。
＊お問い合わせ受付時間　月〜金（祝日を除く）10:00〜16:00
＊個人のお客さまからのよくある質問のご案内
　https://shufunotomo.co.jp/faq/